LE MODÈLE PESTEL

Analyser son environnement
pour mieux anticiper

Par Thomas del Marmol
Sous la direction de Brigitte Feys

LE MODÈLE PESTEL — 9

L'entreprise et son environnement
Définition du modèle

THÉORIE – PRÉSENTATION DU CONCEPT — 17

Contexte et concept
Avantages liés à l'utilisation du modèle PESTEL

MISE EN PRATIQUE DU CONCEPT — 33

Conseils et best practices
Étude de cas

RÉPERCUSSIONS — 49

Limites et critiques du modèle
Extensions et modèles connexes
Vers une convergence des modèles

EN RÉSUMÉ — 59

POUR ALLER PLUS LOIN — 65

LE MODÈLE PESTEL

- **Dénominations ?** Modèle PESTEL, analyse PESTEL ou *PESTEL analysis* en anglais.
- **Usage ?** L'analyse PESTEL permet au manager de recenser les principaux facteurs macroéconomiques ayant une influence potentielle sur l'évolution future de l'entreprise.
- **Raison de son efficacité ?** L'identification des futures variables macroéconomiques d'intérêt et la construction de différents scénarios conduisent le manager à anticiper au mieux les décisions stratégiques à prendre pour assurer le bon développement et la pérennité de l'entreprise.
- **Mots-clés ?**
  - <u>Avantage concurrentiel</u> : atout permettant à une organisation de se distinguer positivement et de dépasser ses concurrents dans un domaine particulier.
  - <u>Conjoncture économique</u> : situation globale d'une entité déterminée par l'ensemble de ses éléments politiques, économiques et sociaux.

- Scénario : projection imaginaire probable dans un futur plus ou moins éloigné.
- Stratégie compétitive : méthodologie mise en place ayant pour objectif de maximiser la réussite d'une entreprise grâce à des innovations et avantages supérieurs à ceux de la concurrence.
- Variable pivot : élément revêtant une importance cruciale et pouvant grandement influencer le développement de l'entreprise.

L'ENTREPRISE ET SON ENVIRONNEMENT

Caractérisée par un environnement en perpétuelle évolution, notre société actuelle diffère en bien des points de ce qu'elle était auparavant. S'adapter à un milieu plus mouvant et concurrentiel est aujourd'hui devenu une nécessité pour tout gestionnaire désireux de voir son entreprise se maintenir à flot et prospérer au cours des années à venir. L'environnement (dimension macroéconomique) se révèle en effet à la fois source d'opportunités et de menaces pour chaque entreprise sur le marché, et ce indépendamment des secteurs d'activités.

Ainsi, une anticipation confirmée du phénomène macroéconomique lambda aura tôt fait d'apporter un avantage concurrentiel direct au dirigeant, si celle-ci lui permet de réagir de façon efficiente avant son ou ses concurrents. Au contraire, le manager qui sous-estime un événement capital sur son marché se retrouvera rapidement en difficulté face aux concurrents dont les prévisions sont plus abouties que les siennes, car il devra faire face à leurs stratégies compétitives et offensives. À titre d'exemple, les entreprises n'ayant pas anticipé assez rapidement l'expansion et les possibilités qu'offrait Internet en ont fait la cruelle expérience au cours de ce début de siècle...

Si la capacité à prévoir certains événements à venir semble être l'une des clés majeures menant à la réussite, au bon développement – et à la survie dans certains cas – d'une entreprise, il est toujours des personnes pour affirmer, après une modification de l'environnement, que les indicateurs convergeaient inéluctablement dans la même direction. Anticiper lesdits indicateurs n'est pourtant pas toujours chose aisée, et n'est pas Cassandre qui veut...

C'est dans ce contexte d'incertitude qu'apparaît le modèle PESTEL, qui a pour objectif l'identification et l'analyse des variables macroéconomiques pertinentes pour une organisation dans un environnement ciblé.

DÉFINITION DU MODÈLE

L'analyse a hérité de l'appellation PESTEL, en regard à l'acronyme que forment ensemble les initiales des six catégories de variables macroéconomiques (**P**olitique, **É**conomique, **S**socio-culturelle, **T**echnologique, **É**cologique et **L**égal) reprises dans le modèle. Dans un premier temps, elle permet au manager d'identifier les variables macroéconomiques à prendre en considération dans le développement de son entreprise (opportunités vs risques potentiels) et dont le degré de réalisation reste relativement incertain. Ensuite, elle pourra initier la conceptualisation de différents scénarios basés sur ces variables incertaines afin de prévoir au mieux l'avenir et de prendre aujourd'hui les meilleures décisions pour demain.

L'environnement d'une organisation peut être divisé en trois strates distinctes :

- les concurrents et le marché ;
- l'industrie (au sens anglo-saxon, soit le secteur d'activité de l'entreprise) ;
- le macroenvironnement, dernière strate qui regroupe l'ensemble des variables exerçant une influence sur la majorité des entreprises, indépendamment de leurs domaines : politiques, économiques, socioculturels, technologiques, écologiques et légaux. (Johnson (Gerry) *et al.*, *Stratégique*, 2008)

Strates de l'environnement d'une organisation

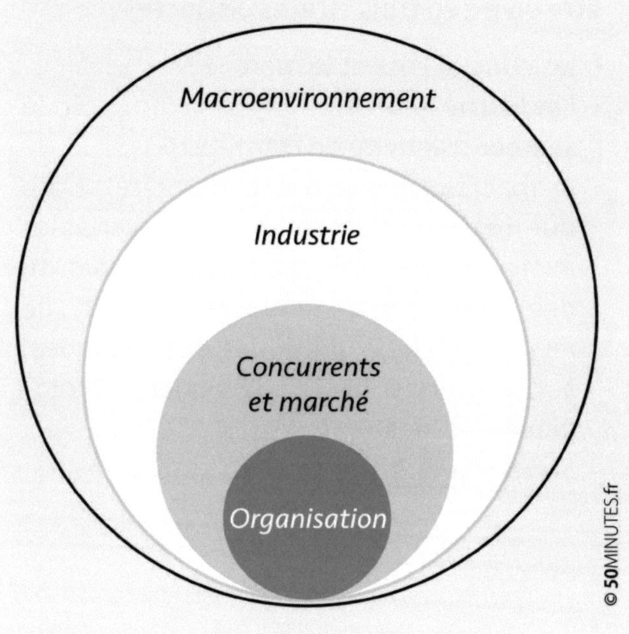

THÉORIE – PRÉSENTATION DU CONCEPT

CONTEXTE ET CONCEPT

La genèse de l'analyse PESTEL reste aujourd'hui relativement vague. Cependant, certains auteurs s'accordent à dire que l'on retrouve les premières traces de son apparition dans l'ouvrage de Francis J. Aguilar, *Scanning the Business Environment* (1967). À cette époque, le modèle porte le nom de « ETPS », ce qui correspond aux initiales des catégories de variables macroéconomiques respectivement relatives à l'économie, la technologie, la politique et aux normes socioculturelles.

Il est utilisé et perfectionné au cours des années soixante-dix et quatre-vingt par plusieurs auteurs distincts : Liam Fahey (directeur de l'organisation de consultance Leadership forum Inc. et professeur de management au Boston

College), Vadake K. Narayanan (professeur de management à Drexel University) et Arnold Brown (consulting project manager) pour ne citer qu'eux. De ces différents travaux naissent diverses extensions du modèle initial sous les appellations de « PEST », « STEP » ou encore « STEEPLE ». Finalement, les variables supplémentaires « écologie » et « légal » sont retenues, débouchant sur l'appellation PESTEL qui est aujourd'hui la plus communément acceptée. Notons toutefois que certains préfèrent regrouper les aspects « politique » et « légal » sous l'appellation « politico-légal », et valident donc l'acronyme PESTE.

Le recueil des variables

Puisqu'il s'agit d'un modèle très prisé et régulièrement utilisé, tant dans la réalisation de business plans, de stratégies de production ou de commercialisation que lors de lancements de nouveaux projets (par exemple, le développement d'un nouveau produit sur un marché jusqu'alors non investi par une entreprise existante), il faut nuancer l'approche qu'il propose.

L'objectif premier du modèle PESTEL réside dans l'identification des changements macroéconomiques inéluctables qui pourraient avoir une incidence notoire sur le développement d'une entreprise (au niveau de ses produits, de sa marque, voire de l'intégralité de son organisation). Il ne s'agit donc pas de réaliser une étude exhaustive de l'environnement externe : l'analyse approfondie des variables macroéconomiques n'est pertinente que par rapport à une entreprise bien précise, afin que cette dernière puisse anticiper les modifications probables à son échelle.

En effet, sur l'ensemble des événements macroéconomiques qui interviendront au cours des prochaines années, seule une partie d'entre eux exercera une réelle influence sur l'évolution de l'entreprise. C'est dès lors au manager que revient la charge de faire le tri entre variables pouvant affecter directement ou indirectement l'organisation et celles n'ayant qu'une influence mineure sur sa pérennité. De ce fait, un dirigeant à la tête d'une entreprise pétrolière n'appréhendera par exemple pas de la même façon les découvertes récentes sur les apports du gaz de schiste qu'un responsable d'une société de transport ou d'une sandwicherie !

Les variables macroéconomiques ont été classées selon six catégories distinctes, bien que relativement interdépendantes.

Les six variables de PESTEL

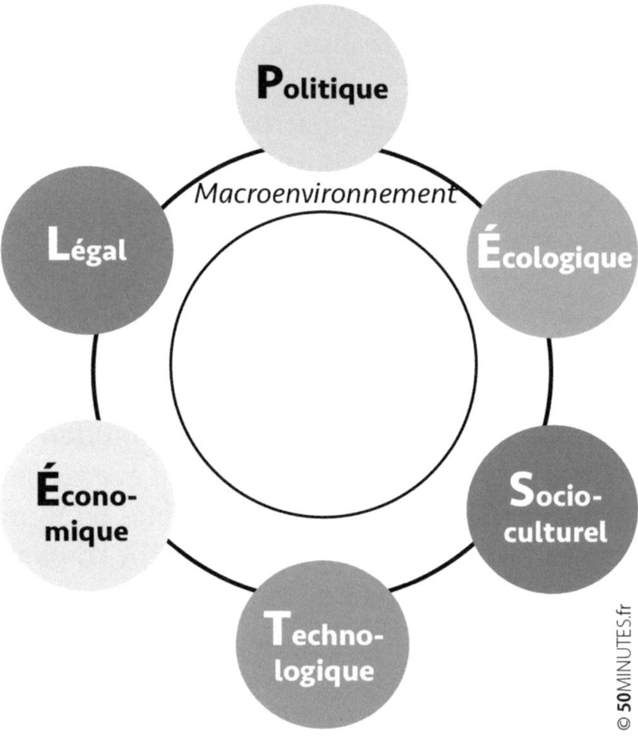

- **Les variables politiques**. Les tendances politiques d'un pays (pressions gouvernementales, politiques monétaires, etc.) influencent significativement l'entreprise qui choisit de s'y établir : les pouvoirs publics en place prennent de plus en plus fréquemment des décisions qui peuvent avoir une incidence directe sur les opérations quotidiennes et les perspectives de performances financières (intérêts notionnels, etc.) et sociales (aide à l'emploi, subsides, etc.) de cette dernière. D'autres éléments, tels que les conflits, le taux de corruption ou encore le degré d'interventionnisme de l'État sont également à prendre en considération. Par ailleurs, l'entrepreneur qui lance une activité commerciale dans un pays en perpétuel conflit gouvernemental doit veiller à répondre aux besoins des autochtones, nécessairement différents de ceux vivant dans une contrée où règnent la stabilité et la paix. Notons aussi qu'il existe des instances, telles que la Commission européenne et l'Organisation mondiale du commerce (OMC), qui régissent les politiques internationales en matière d'échanges.
- **Les variables économiques**. S'il est pratiquement impossible pour une entreprise de mo-

difier la conjoncture économique, nul doute qu'elle puisse se préparer aux mieux à subir ses fluctuations. Observer l'évolution du PIB d'un pays, de son taux d'imposition et de croissance et du pouvoir d'achat de ses habitants s'avérera primordial pour détenir l'ensemble des facteurs nécessaires à la prise de décision managériale. La réussite économique d'une entreprise passe également par l'observation des chiffres-clés relatifs à son secteur et l'analyse des tendances en matière de consommation. Ainsi, anticiper une diminution significative du pouvoir d'achat permet à l'entreprise d'adapter sa stratégie globale pour minimiser les pertes.

- **Les variables socioculturelles**. Connaître les caractéristiques d'une population (démographie, pyramide des âges, etc.) pour en comprendre les comportements d'achat est indispensable à la conquête d'un marché. Bien plus, l'histoire – racines et traditions – ainsi que les influences religieuses et socioculturelles (mode, médias, moyens de communication, etc.) de celle-ci permettent d'affiner l'analyse des besoins spécifiques des individus qui s'y rattachent. À titre d'exemple, les ressortissants des pays méditerranéens développent des besoins différents en bien des points de ceux de leurs homologues des pays baltiques de par leur culture, le climat dans lequel ils évoluent ou encore leur religion.

- **Les variables technologiques**. Nombre d'experts s'affairent aujourd'hui aux quatre coins de la planète, cherchant à révolutionner les processus existants. Si certaines de ces découvertes n'influenceront sans doute en rien le marché ciblé, d'autres pourraient bien en bouleverser tous les codes. La révolution d'Internet a surpris plus d'un manager, et ceux ayant anticipé son utilisation accrue y ont gagné un avantage concurrentiel important. Il apparaît donc naturel de s'interroger sur les pratiques en matière de R&D (recherche et développement) et d'innovation dans le domaine de prédilection (le *core business*) de l'entreprise. Remettre continuellement en question son produit, mais également les processus permettant son élaboration et son acquisition par le client, voilà les maîtres mots d'une veille technologique réussie.
- **Les variables écologiques**. Le XXIe siècle s'inscrit dans la continuité du XXe, position-nant l'écologie et le développement durable

toujours davantage au cœur des débats. Des changements climatiques inquiétants, une pollution en constante augmentation, un tri des déchets variant d'un pays à l'autre, etc. : autant d'aspects qui intéressent et préoccupent de plus en plus aujourd'hui les populations et ceux qui les dirigent. Cet intérêt se répercute parfois directement sur le monde commercial. Le contrôle de la consommation énergétique ou celui du taux de pollution sont deux exemples parmi beaucoup d'autres mesures prises par les instances régionales, nationales et/ou internationales. Ces dernières peuvent influencer le déroulement des opérations d'une organisation. Cela étant, de nouveaux marchés se créent ; c'est notamment le cas du bio.

- **Les variables légales**. Se tenir informé des réglementations (droit du travail, droit du commerce, etc.) du pays où se situe(ra) l'entreprise – la législation variant d'un endroit à l'autre – constitue aujourd'hui l'un des meilleurs moyens de se protéger contre les éventuelles attaques judiciaires et d'agir au mieux en fonction des contraintes légales. Les réglementations concernant le port d'arme, par exemple, ne sont pas les mêmes dans chaque pays, et le commerçant avisé souhaitant se lancer dans ce secteur aura tôt fait d'adapter sa communication et sa distribution en fonction de la législation en vigueur pour le pays concerné. Les incitants fiscaux peuvent également amener le manager renseigné à se tourner vers certains pays plutôt que d'autres.

Le tableau ci-dessous reprend un résumé de majeures variables macroéconomiques pour chaque catégorie recensée. Cette liste non exhaustive doit être complétée en fonction du domaine d'activité et du pays spécifiques à chaque entreprise.

**Exemples de variables
macroéconomique PESTEL**

Politique

Conflits, instabilité politique, guerres,
corruption, degré d'intervention du
gouvernement, etc.

Économique

Cycle économique, taux de croissance, taux
d'intérêt, PIB du pays, inflation, imposition,
chômage, pouvoir d'achat etc.

Socio-culturel

Démographie, histoire, religion, répartition
des revenus, pyramide des âges, styles de vie
(effet de mode), éducation, santé, émigra-
tion, communication, etc.

L'identification des variables pivots

La difficulté principale de l'exercice réside dans
l'identification des variables pertinentes en
regard d'une entreprise spécifique. Le risque, si

le tri est mal effectué, est de se retrouver avec trop d'informations, à tel point qu'on ne puisse accorder la juste attention à chacune d'entre elles et dès lors, passer à côté d'opportunités ou de menaces imminentes. Il est donc essentiel de repérer les variables pivots afin d'appréhender au mieux les événements cruciaux à venir pour l'entreprise.

Les variables pivots constituent « les facteurs susceptibles d'affecter significativement la structure d'une industrie ou d'un marché » (Johnson (Gerry) *et al.*, *Stratégique*, 2008, p. 64). En fonction du type d'industrie et de marché, elles diffèrent donc – bien que certains avancent que toutes les entreprises subissent les mêmes menaces, puisque la globalisation des marchés continue de s'accentuer et que des instances régissant les échanges internationaux ne cessent de se créer. Bien plus, elles varient dans le temps, ce qui mène à une perpétuelle remise en question des données utilisées. Que ce soit au niveau des goûts du consommateur ou de la conjoncture économique, travailler dans un environnement instable oblige le manager à régulièrement commander/consulter des études de marché ou à aller sur le terrain vérifier la pertinence de ces variables.

La construction de scénarios

Une fois les données recueillies et sur base des variables pivots identifiées et classées en fonction de leur probabilité et de leur impact potentiel, le manager devra élaborer des scénarios. Ils représentent autant d'alternatives possibles pour le futur de l'entreprise. Par exemple, l'une des variables pivots du secteur de l'immobilier est directement liée au taux des prêts hypothécaires permettant aux particuliers de réaliser leurs investissements. Dans ce cas, le dirigeant d'une entreprise de construction imaginera différents scénarios : l'un dans lesquels le taux augmente légèrement, un deuxième dans lequel il diminue fortement, un troisième où il stagne, etc.

AVANTAGES LIÉS À L'UTILISATION DU MODÈLE PESTEL

Si l'analyse PESTEL n'a pas pour prétention de prédire de quoi l'avenir sera fait, elle se révèle cependant utile dans la mesure où elle initie une discussion proactive et constructive à propos du futur de l'entreprise. Une utilisation pertinente de cet outil permet en effet la détection d'opportunités et de menaces potentielles pour l'entreprise, ce qui peut se transformer rapidement en avantage concurrentiel significatif. Utiliser le modèle PESTEL, c'est privilégier une vision globale, une prise de recul et une certaine flexibilité.

L'utilisation de scénarios s'avère particulièrement judicieuse lorsqu'il existe un faible nombre de variables pivots possédant un haut degré d'incertitude. Celles-ci pouvant déboucher sur deux futurs radicalement différents pour l'entreprise, il revient au manager d'identifier correctement les réponses à apporter à chacune d'entre elles et surtout leur potentielle contribution à la performance du groupe. En fonction des différents scénarios élaborés, il est possible d'anticiper les réactions à adopter lors d'une éventuelle réalisation de l'un d'entre eux. Il est également judicieux de quantifier la probabilité de chance d'apparition de chacun des scénarios, afin de pouvoir dès aujourd'hui préparer les éléments nécessaires à la réussite de l'entreprise en cas de réalisation du scénario le plus probable envisagé.

Une fois les différents scénarios sur la table, il revient au manager et à ses conseillers d'analyser en profondeur chacun d'entre eux, pour dégager la probabilité de leur réalisation ainsi que les impacts directs que cela représenterait pour l'entreprise.

MISE EN PRATIQUE DU CONCEPT

CONSEILS ET BEST PRACTICES

Le tri des informations et l'élaboration

La collecte de données macroéconomiques implique parfois la prise en compte d'informations dont la fiabilité n'est pas toujours optimale. Il est dès lors vivement conseillé au manager de ne pas hésiter à les confronter au terrain afin d'en vérifier la véracité. Dans ce cas, il est également essentiel de comparer sans cesse les informations recueillies avec les nouvelles données du marché.

Il apparaît, au regard de la classification proposée précédemment, que de nombreuses variables sont interdépendantes. En effet, la mise en place d'une taxe sur la pollution concerne à la fois l'aspect légal et écologique. De même, l'apparition d'une nouvelle technologie peut influencer certaines données économiques et socioculturelles d'un pays. Ainsi, même si cette proposition de classification s'avère utile au manager – qui se doit de faire le tri entre les variables –, cette dernière ne doit pas systématiquement être respectée à la lettre. De ce fait, l'importance de classer les variables dans une catégorie ou une autre est relative : réfléchir durant des heures pour savoir si la politique fiscale d'un pays, par exemple, relève davantage de l'aspect politique, économique ou légal ne présente pas d'intérêt majeur. Puisqu'elle sert principalement à lister de façon structurée les différentes influences d'ordre macroéconomique sur l'entreprise, le réel enjeu se situe au niveau de la pertinence de cette donnée et sur son potentiel impact sur l'organisation. Pour faciliter le tri des informations, il peut être également utile de les confronter aux événements passés ayant eu des répercussions sur le secteur.

La construction de scénarios fournit une vue globale sur les situations futures possibles, mais ne doit en aucun cas être réalisée de façon trop spécifique : le modèle PESTEL n'a pas pour ambition de dicter des lignes de conduite précises, mais plutôt d'amorcer une réflexion sur des prises de décisions stratégiques possibles au cas où une situation, envisagée par l'un des scénarios, est rencontrée. Il est généralement conseillé de choisir un nombre de scénarios pair (deux ou quatre) pour ne pas être tenté de privilégier le scénario intermédiaire.

L'application

Il existe plusieurs moments et situations propices à l'élaboration d'une analyse PESTEL.

- **Le lancement d'une nouvelle entreprise**. La réalisation d'un business plan, nécessaire pour convaincre des actionnaires d'investir dans la société, requiert l'utilisation d'outils stratégiques démontrant une analyse approfondie du marché et de son potentiel d'attractivité. Dans ce cadre, une analyse PESTEL peut prouver à l'investisseur que l'environnement macroéconomique est propice au développement d'une entreprise sur le marché, ou du moins, si ce n'est le cas, d'attirer son attention sur le fait que l'on a pris connaissance des variables à risque et qu'il existe un moyen de les compenser.

- **Le développement de nouveaux produits ou le lancement de nouveaux projets.** De façon analogue, l'analyse PESTEL permet au manager d'observer si l'environnement est prêt à accueillir un nouveau produit sur le marché. La décision de se lancer dans un nouveau projet peut également faire l'objet d'une analyse détaillée.

- **La remise en question de l'organisation de l'entreprise.** Les choix qui ont été validés lors de la création de l'entreprise peuvent rapidement se retrouver caducs face à l'évolution constante de la plupart des marchés. En effet, les goûts d'une population peuvent rapidement changer, la conjoncture économique fluctuer, de nouvelles technologies apparaître, etc. La remise en question de la stratégie d'une entreprise doit être menée de façon continue, en effectuant régulièrement des mises à jour de son modèle PESTEL et des autres outils de diagnostic, qui incluent les nouveaux événements récemment survenus.

- **Le processus de décision de la stratégie marketing.** Avoir connaissance des variables macroéconomiques d'un secteur, notamment au niveau socioculturel, peut s'avérer crucial pour communiquer de manière appropriée avec son public. Quels sont les codes d'une région ? Quelle est l'histoire du pays ? Autant de questions qui permettront d'éviter les erreurs onéreuses en temps et en argent à l'entreprise désireuse de voir son produit adopté par une tranche de la population.

L'extrapolation

Les variables recueillies seront interprétées de manières différentes suivant l'expérience et le vécu des personnes qui les analysent. Un économiste ne percevra pas de la même façon les implications d'un changement gouvernemental qu'un juriste ou un sociologue.

Puisque l'interaction d'experts permet une anticipation optimale de l'implication d'une nouvelle variable identifiée, il devient primordial de s'entourer des bonnes personnes.

De l'analyse au terrain

Le travail effectué en amont par l'analyse PESTEL aide le manager à prendre les décisions pertinentes sur le terrain, celles qui assureront la pérennité de l'entreprise. Elles auront un impact direct et indirect sur les processus et le travail de l'ensemble de membres de l'organisation.

Dès lors, les décisions prises dans le cadre de l'analyse PESTEL doivent être partagées à l'ensemble de l'organisation, afin de rassembler l'équipe autour d'une vision commune comprise et assimilée par tous. L'adhésion de l'organisation représente probablement l'une des clés de réussite majeures des décisions engendrées par l'analyse PESTEL. La mise en place des décisions prises dans la vie quotidienne de l'entreprise s'en verra grandement facilitée.

ÉTUDE DE CAS

L'entreprise Bpost

C'est en 1790 que la poste municipale apparaît en Belgique. Celle-ci connaît un développement continu de ses activités jusqu'à devenir la société anonyme Bpost actuelle. Si la réforme de 1963 obligeant chaque habitation à disposer d'une boîte aux lettres donne une véritable impulsion au développement du courrier postal, l'entreprise fait face à de nouveaux défis depuis le début des années 2000. En effet, l'apparition de nouveaux moyens de communication et l'utilisation de plus en plus prononcée d'Internet ont quelque peu modifié la donne dans un secteur où le papier régnait en maître. De plus, alors que Bpost était en situation de monopole sur le marché du courrier, celui-ci s'ouvre à la concurrence en 2011, bousculant à nouveau les modes opérationnels auxquels Bpost était habitué.

C'est dans ce contexte perturbé que la société décide de lancer un nouveau service en 2013 : le *Shop and Deliver* ou « Bpost sur rendez-vous », dont le principe réside dans la livraison des courses à domicile grâce aux commandes réalisées préalablement sur son site Internet. Pour se faire, l'objectif de l'entreprise est de réaliser des partenariats avec des commerçants déjà installés sur le marché afin de contenter un maximum de personnes. Bpost met ainsi à profit la relation de confiance qu'elle entretient de longue date avec ses parties prenantes : l'entreprise propose d'une part aux commerçants un support, à l'image d'une plateforme e-commerce, leur permettant de toucher les personnes effectuant leurs achats en ligne, et elle permet, d'autre part, aux clients

Bpost courrier de bénéficier d'un service de livraison des courses à domicile les jours ouvrables entre 17 h à 21 h. Ceux-ci peuvent sélectionner leur(s) produit(s) sur Internet, choisir un lieu de livraison et une tranche horaire pour un prix unique de 9,95 € par colis.

L'analyse PESTEL menée

Comme développé précédemment, lors de la décision de lancement d'un nouveau projet, l'utilisation du PESTEL peut s'avérer judicieuse afin de bien comprendre les tenants et aboutissants des variables macroéconomiques futures. Dans le cas qui nous intéresse, les variables pertinentes sélectionnées pour cette analyse font référence au lancement du projet *Shop and Deliver* que Bpost souhaite mettre en place.

Variables macroéconomiques pertinentes pour Bpost

Politique

- Suppression des aides liées au Service d'intérêt général

- Ensemble de restructuration d'entreprises publiques

- Stabilité gouvernementale belge ?

Économique

- Crise économique et baisse des volumes du courrier domestique (*Domestic-Mail*)

- Stagnation de la croissance et de l'économie

- Exigences dues à la cotation en bourse (2013)

Socio-culturel

- Prédominance des partenaires sociaux (syndicats) dans le secteur
- Utilisation croissante des nouvelles technologies (smartphones, tablettes, etc.)
- Choc générationnel entre les « *papy boomers* » et la génération Y
- Vieillissement de la population
- Évolution des mœurs en matière d'emploi

Technologique

- Croissance de l'e-commerce
- Automatisation et robotisation
- Développement de nouvaux centres de tri

Écologie

- Nécessité d'être responsable au niveau de la société
- Mauvaise image du support papier comme moyen de communication
- Classement attribué par l'*Environment International Post Corporation*

Légal

- Durcissement des lois anti-monopole
- Ouverture du marché postal à la concurrence (1er janvier 2011)
- Obligations légales consécutives à la cotation au NYSE-Euronext
- Fixation législative des tarifs des timbres

La construction des scénarios

Une fois les principales inconnues identifiées, le manager réalise les différents scénarios afin d'anticiper l'évolution probable de ces variables et leur(s) impact(s) sur l'entreprise. Vu le nombre élevé de variables recueillies pour cette étude de cas, nous nous concentrerons sur la construction de quatre scénarios relatifs aux variables socioculturelles.

La réussite du projet passe à la fois par l'acceptation du service par le grand public, mais également par l'expansion des ventes réalisées via l'e-commerce. La réalisation de ces deux conditions repose sur un certain nombre d'impondérables, c'est pourquoi il est indispensable de proposer différents scénarios. La figure ci-contre reprend les différents scénarios d'évolution de l'entreprise en fonction de la réalisation des variables.

Scénarios d'avenir probables pour l'entreprise Bpost

	Expansion des ventes via l'e-commerce	Diminution des ventes via l'e-commerce
Le public accepte	Réussite totale	Succès mitigé
Le public rejette	Grande frustration	Échec total

Désormais, l'entreprise peut se représenter toutes les éventualités : le manager doit dès lors être prêt à réagir au mieux à chacun des scénarios et prévoir des solutions adaptées dans le cas d'une réalisation effective de l'un d'eux.

Conclusion

- En conclusion, bien que Bpost reste une société majoritairement détenue par l'État belge, elle gagne au fil des ans en autonomie et ne peut plus aujourd'hui vivre des aides publiques ou de ses acquis, ce qui l'encourage pleinement à devenir hautement concurrentielle.

- Son cœur de métier souffre d'une part d'une image dévalorisée et d'autre part d'un ralentissement de l'activité lié à de nombreux facteurs défavorables. Elle a donc tout intérêt à se servir des prouesses technologiques et de sa rentabilité (17,96 % de marge EBIT normalisée en 2013) pour développer une série de diversifications stratégiques, dont « Bpost sur rendez-vous » pour se préparer au changement de mode de vie des consommateurs qui se tournent de plus en plus vers l'e-commerce pour réaliser leurs achats.

- L'activité représentée par *Shop and Deliver* offrira à l'entreprise un revenu supplémentaire, lui permettant de diversifier ses sources de profits. La proposition de projet a ainsi été validée par la direction : actuellement au stade de développement, il sera concrètement lancé au cours des prochains mois. Seul l'avenir nous dira si ce projet se solde par une réussite ou un échec cuisant.

- Bien que l'utilisation du modèle PESTEL soit bel et bien pertinente dans ce cas de figure, elle n'en reste pas moins insuffisante. En effet, cette analyse doit être complétée par une recherche poussée des forces et faiblesses de l'entreprise afin de constater ses atouts principaux dans sa quête d'intégration à son environnement et de profitabilité : les menaces et opportunités (matrice SWOT) ainsi que l'ouverture du marché du courrier à la concurrence (5 (+ 1) forces de Porter) devront être dûment examinées afin de ne négliger aucun aspect et d'obtenir les meilleures prévisions possibles.

RÉPERCUSSIONS

LIMITES ET CRITIQUES DU MODÈLE

Bien que très prisé par la plupart des managers en activité, le modèle PESTEL, à l'instar des autres modèles stratégiques, n'en possède pas moins son lot de limites inhérentes à son utilisation.

- **Une vision globale relative**. L'une des principales limites découle d'un de ses avantages les plus appréciés pourtant : désirant couvrir un large spectre de variables macroéconomiques, le manager peut rapidement se retrouver submergé par le nombre d'informations face auxquelles il est inévitablement confronté. Il existe, en effet, une énorme différence entre souligner l'importance de trier les variables macroéconomiques pertinentes et son application dans la pratique. Arrivé à un certain stade, toutes les variables semblent importantes et le nombre de scénarios à prévoir est tel que Steve Jobs lui-même aurait du mal à en tirer des conclusions pertinentes ! Être compétent ne suffit pas toujours pour identifier les variables pivots. Parfois, il faut également avoir et challenger son intuition – en s'entourant par exemple d'une équipe pluridisciplinaire pouvant développer une intelligence collective et surtout compter sur une bonne dose de chance. Il reste néanmoins possible de la provoquer au travers d'un travail rigoureux et d'une analyse transversale.

- **Des scénarios peu fiables.** La pratique différant souvent de la théorie, ce que l'on a prévu ne coïncide pas toujours avec la réalité. Sous cet angle, l'outil apparaît utile, mais pas d'une fiabilité à toute épreuve.
- **Un manque d'objectivité.** On s'aperçoit qu'un grand nombre de managers favorisent la mise en place de trois scénarios distincts pour une variable pivot : un scénario optimiste, un scénario pessimiste et un scénario médian. Si cette tactique donne l'impression au manager d'être le plus objectif possible dans l'élaboration de sa stratégie, cela le contraint souvent, en réalité, à mettre de côté les deux premiers au profit du scénario médian. Quel est dès lors l'intérêt de réaliser plusieurs scénarios si l'on ne se préoccupe finalement que d'un seul d'entre eux ?

- **Un impact impossible à quantifier**. Notons enfin que, même s'il est possible de déterminer au travers de ce modèle les grands changements macroéconomiques qui pourraient bouleverser le marché, l'impact spécifique de ces variables sur le secteur n'en reste pas moins difficile à juger et encore moins à quantifier.

EXTENSIONS ET MODÈLES CONNEXES

Puisque le modèle PESTEL ne concerne que l'une des trois strates de l'environnement de l'organisation, une analyse uniquement basée sur ses variables ne pourra pas être jugée pertinente dans la mise en place d'une stratégie pour l'entreprise.

S'il semble intéressant dans un premier temps (pour identifier les grandes tendances du macroenvironnement), le diagnostic PESTEL doit en effet être complété par d'autres outils qui étudient davantage l'environnement proche de l'organisation, soit le microenvironnement : secteur d'activités (*industry* en anglais), concurrents directs, etc. Se situant en aval, le modèle des 5 (+1) forces de Porter ainsi que la matrice SWOT, notamment, parachèvent la réflexion d'une stratégie pour l'entreprise.

Les 5 (+1) forces de Porter

Mis au point par le professeur américain Michael Porter en 1979, le modèle des 5 (+1) forces de Porter permet d'observer l'attractivité d'une industrie et d'en déduire les comportements concurrentiels. Le modèle repose sur la notion d'avantage concurrentiel. Il revient dès lors au manager d'observer les principales forces de la concurrence dans l'industrie afin de comprendre et d'évaluer au mieux le pouvoir de chacun des concurrents actuels et potentiels.

QU'EST-CE QUE L'AVANTAGE CONCURRENTIEL ?

La notion d'avantage concurrentiel repose sur « l'ensemble des caractéristiques ou attributs détenus par un produit ou une marque et qui lui donnent une certaine supériorité sur ses concurrents immédiats. Ces caractéristiques ou attributs peuvent être de nature variée et porter sur le produit lui-même [...], sur les services nécessaires ou ajoutés qui accompagnent le service de base, ou sur les modalités de production, de distribution ou de ventes propres au produit ou à l'entreprise. » (Lambin et de Moerloose, 2008, p. 250).

Ces forces représentent :

- le pouvoir de négociation des fournisseurs ;
- le pouvoir de négociation des clients ;
- la menace de nouveaux entrants ;
- les produits de substitution ;
- la concurrence intersectorielle ;
- et enfin le rôle de l'état (popularisée plus tard).

Les 5 (+1) forces de Porter

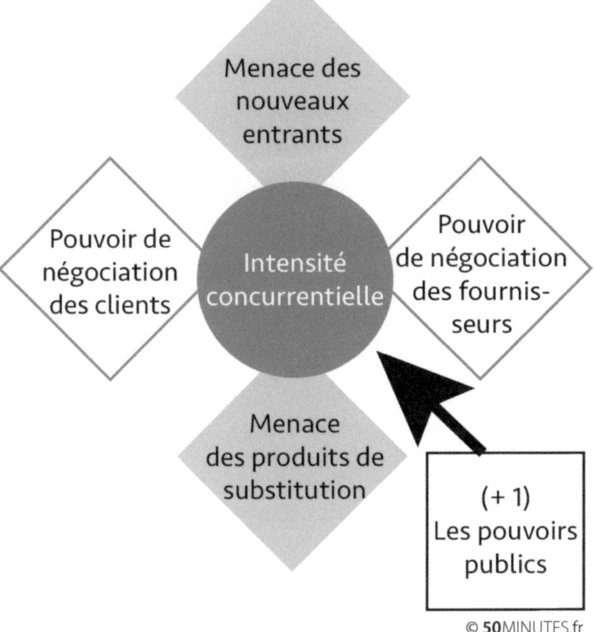

La tâche d'évaluer les forces en présence revient au manager : le but est de déterminer l'attractivité actuelle et future du secteur, soit les perspectives de développement et de performance de son entreprise. Généralement, le modèle des 5 (+1) forces de Porter se conclut par l'identification des facteurs clés de succès, qui permettront à l'entreprise de se développer de façon optimale.

La matrice SWOT

Mise au point dans les années soixante par plusieurs professeurs de la Harvard Business School, la matrice SWOT a pour ambition de retenir les principales conclusions des facteurs d'attention liés aux caractéristiques de l'entreprise et à son environnement. L'appellation du modèle résulte de l'acronyme formé par les termes anglais *Strenghts* (« forces »), *Weaknesses* (« faiblesses »), *Opportunities* (« opportunités ») et *Threats* (« menaces »). Ainsi, il convient au décideur de répertorier les principales forces et faiblesses de son entreprise et d'être conscient des opportunités et des menaces pesant sur le secteur.

L'intérêt de la matrice SWOT relève davantage de ses conclusions que de l'énumération des caractéristiques de l'entreprise et du secteur. Ses conclusions constitueront pour le manager autant de points d'attention et de réflexion permettant l'élaboration d'une stratégie adaptée pour l'entreprise, tant au niveau de l'environnement interne qu'externe.

VERS UNE CONVERGENCE DES MODÈLES

Le manager aguerri aura rapidement compris l'intérêt d'une utilisation complémentaire de ces modèles. En effet, si séparément ces derniers peuvent également s'avérer utiles, c'est réellement au travers des croisements et recoupements d'informations entre ceux-ci que peuvent naître les principales décisions stratégiques rationnelles.

L'analyse de l'environnement suit plusieurs étapes durant lesquelles la réalisation de certains modèles influencera la construction des suivants. Bien que parfois fastidieuse dans le recueil des informations, l'analyse de l'environnement est indispensable à l'entreprise souhaitant maintenir un avantage concurrentiel durable.

Convergence des modèles

	FORCES	FAIBLESSES	OPPORTUNITÉS	MENACES
Politique				
Écologique				
Socio-culturel				
Technologique				
Économique				
Légal				

EN RÉSUMÉ

- Les premières traces de l'analyse PESTEL apparaissent en 1967 dans l'ouvrage *Scanning the Business Environment* du professeur Francis J. Aguilar sous l'appellation « ETSP ». Étudié et développé par de nombreux auteurs, il deviendra le modèle PESTEL tel que nous le connaissons aujourd'hui.
- Les objectifs principaux de l'analyse PESTEL sont la classification des variables macroéconomiques en six catégories – (P) politique, (E) économique, (S) socio-culturel, (T) technologique, (E) environnemental et (L) légal – et la prise de recul qui en découle, nécessaire pour anticiper l'avenir et assurer un futur à une entreprise spécifique.
  - L'observation de ces données permet de comprendre dans quel environnement l'entreprise évolue et/ou sera amenée à évoluer. Il s'agit ici d'une vision globale et macroéconomique, valable pour l'ensemble des entreprises.

- La difficulté principale du modèle réside dans le tri des variables pertinentes par rapport à l'entreprise analysée. Leur collecte mène à l'identification de variables pivots, considérées comme ayant une influence cruciale sur le bon développement de l'entreprise, mais dont la réalisation demeure aujourd'hui incertaine.
- Que ce soit à l'aube de la phase de démarrage d'une entreprise, d'un lancement de nouveaux produits ou projets, de la réorganisation de l'entreprise ou face à des changements imminents dans l'environnement, l'analyse PESTEL fournit des informations non négligeables sur les variables pivots intrinsèques à une situation donnée. Ainsi, fort de ses observations, le dirigeant élaborera un certain nombre de scénarios (de préférence un nombre pair) basés sur les informations récoltées. Son objectif est d'anticiper au mieux les situations probables futures dans lesquelles son entreprise risque de se retrouver et de prévoir les solutions afin d'assurer au mieux sa pérennité et son avenir.

- L'analyse PESTEL permet d'engager une discussion proactive concernant l'avenir de l'entreprise, basée sur des variables macroéconomiques dûment collectées auparavant.
- Son utilisation seule est intéressante, mais insuffisante. Le modèle des 5 (+1) forces de Porter et la matrice SWOT peuvent s'avérer être d'une aide utile dans l'analyse de l'environnement de l'entreprise (microenvironnement).
- Le cas de l'entreprise Bpost démontre l'importance d'analyser si le contexte se prête au lancement d'un nouveau projet lorsque l'entreprise fait face à un environnement changeant.
- Enfin, il est important de se souvenir que le modèle PESTEL est un précieux outil, bien qu'il ne puisse prédire avec sûreté de quoi l'avenir sera fait, puisqu'il permet aux entreprises d'identifier les grandes tendances afin de s'y préparer au mieux et de défendre leurs avantages concurrentiels.

Votre avis nous intéresse !
Laissez un commentaire sur le site de votre
librairie en ligne et partagez vos coups de cœur sur
les réseaux sociaux !

POUR ALLER PLUS LOIN

SOURCES BIBLIOGRAPHIQUES

- AGENCE WALLONNE DE TÉLÉCOMMUNICATION, *L'e-commerce 2013 en Wallonie*, juin 2013, consulté le 11 mai 2015.
  http://www.awt.be/web/dem/index.aspx?page=dem,fr,b13,ent,050

- « Bpost Extends Same-Day Home Delivery Trials », in *Post & Parcel Journal*, novembre 2012, consulté le 11 mai 2015.
  http://postandparcel.info/52078/news/companies/bpost-extends-same-day-home-delivery-trials/

- BPOST, *Bpost rapport annuel 2012*, Bruxelles, 2013.

- CURAU (Laurant), « Avantages concurrentiels : les cinq forces de Porter », in *Cafedelabourse.com*, avril 2012, consulté le 11 mai 2015.
  https://www.cafedelabourse.com/dossiers/article/avantages-concurrentiels-les-5-forces-de-porter#

- DCOSTA (Amanda), « PESTLE Analysis History and Application », in *Bright Hub Project Management*, mai 2011, consulté le 11 mai 2015.
  http://www.brighthubpm.com/project-planning/100279-pestle-analysis-history-and-application/

- DUGUAY (Benoit), « La capacité stratégique », in *UQAM*, 2014.

- KASHI (Kateřina) et DOČKALÍKOVÁ (Iveta), « MCDM Methods in Practice: Determining Importance of PESTEL Analysis Criteria », in *International Days of Statistics and Economics*, Prague, septembre 2014, consulté le 11 mai 2015. http://msed.vse.cz/msed_2014/article/362-Docka-likova-Iveta-paper.pdf

- JOHNSON (Gerry), SCHOLES (Kevan), WHITTINGTON (Richard) et FRÉRY (Frédéric), *Stratégique*, 8e édition, Paris, Pearson éducation, 2008.

- LAMBIN (Jean-Jacques) et MOERLOOSE (Chantal de), *Marketing stratégique et opérationnel. Du marketing à l'orientation de marché*, 7e édition, Paris, Dunod, 2008.

- LOPEZ (Florian), « L'analyse PESTEL », in *actinnovation*, octobre 2011, consulté le 11 mai 2015. http://www.actinnovation.com/innobox/outils-innovation/analyse-pestel

- NADKARNI (Sucheta) et NARAYANAN (Vadake K.), « Strategic Schemas, Strategic Flexibility, and Firm Performance: the Moderating Role of Industry Clockspeed », in *Strategic Management Journal*, 2007, vol. 28, Issue 3, p. 243-270.

- PORTER (Michael E.), « The Five Competitive Forces That Shape Strategy », in *Harvard Business Review*, 2008, vol. 86, Issue 1, p. 25-40.

- SRIVASTAVA (Rajendra K.), FAHEY (Liam) et CHRISTENSEN (H. Kurt), « The resource-Based View and Marketing: The Role of Market-Based Assets in Gaining Competitive Advantage», in *Journal of Management*, décembre 2014, vol. 27, Issue 6, p. 777-802.

- « What is Pestel Analysis ? », in *Pestleanalysis.com*, 2014, consulté le 11 mai 2015.
http://pestleanalysis.com/

SOURCES COMPLÉMENTAIRES

- AGUILAR (Francis J.), *Scanning the Business Environment*, New York, Macmillan, 1967.

- « Analyse SWOT des principaux groupes français », in *Andil Trader Inside*, consulté le 11 mai 2015.
http://www.andlil.com/analyses-swot/

- SILVA (Nishadha), « SWOT Analysis vs PEST Analysis and When to Use Them », mars 2012, consulté le 11 mai 2015.
http://creately.com/blog/diagrams/
swot-analysis-vs-pest-analysis/

- Site de *Bpost*.
http://www.bpost.be/site/fr/postgroup/index.html

- Site de *Happycapital*.
http://www.happy-capital.com/

- VOYANT (Olivier), « Contribution à l'identification d'une cartographie de l'environnement externe : cas d'une PME familiale Belge », In *Conférence de l'AIMS-Luxembourg*, 2010, consulté le 11 mai 2015 http://www.strategie-aims.com/events/ conferences/2-xixeme-conference-de-l-aims/ communications/151-contribution-a-lidenti-fication-dune-cartographie-de-lenvironne-ment-externe-cas-dune-pme-familiale-belge/ download

- YÜKSEL (Ihsan), « Developing a Multi-Criteria Decision Making Model for PESTEL Analysis », in *International Journal of Business and Management*, 7(24), 2012.

- WALSH (Philip R.), « Dealing With The Uncertainties of Environmental Change by Adding Scenario Planning to The Strategy Reformulation Equation », in *Management Decision*, 43(1), 113-122, 2005.

www.50minutes.fr

ISBN ebook : 978-2-8062-6414-5
ISBN papier : 978-2-8062-6415-2
Dépôt legal : D/2015/12603/187
Photo de couverture : © Primento

Conception numérique : Primento,
le partenaire numérique des éditeurs